Début d'une série de documents
en couleur

COUVERTURES SUPERIEURE ET INFERIEURE D'IMPRIMEUR

8° Y² 15193

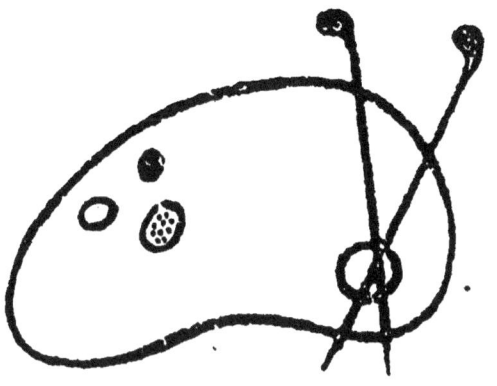

Fin d'une série de documents en couleur

LA TERRE D'ANAHUAC

1ᵉ SÉRIE IN-12.

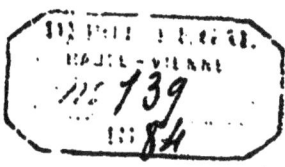

Propriété des Éditeurs.

La terre d'Anahuac

LE CAPITAINE MAYNE-REID

LA TERRE D'ANAHUAC

(MEXIQUE)

TRADUCTION DE LA BÉDOLLIÈRE

LIMOGES
EUGÈNE ARDANT ET Cⁱᵉ, ÉDITEURS

LA

TERRE D'ANAHUAC

Loin, bien loin, par delà les vagues du grand Atlantique, derrière les îles brûlantes de l'Inde occidentale, se trouve une vaste terre du plus agréable aspect. A sa surface s'étend comme un immense tapis le vert brillant de l'émeraude; le ciel y est comme un dais de saphir; son soleil est semblable à un globe d'or; cette terre, c'est le pays d'Anahuac.

Le touriste dirige ses pas vers l'Orient; le poète pense aux gloires passées de la vieille Grèce, le peintre va demander ses tableaux aux paysages tant de fois reproduits des Alpes et des Apennins, le romancier emprunte à l'Italie les mœurs et les scènes pittoresques de ses bandits, ou bien, comme le héros de Cervantes, retournant de plusieurs siècles en arrière, il s'enfonce dans les mystères du moyen âge, et entretient les miss romanesques et les apprenties modistes de mensongers combats où se trouvent mêlés des coursiers fabuleux et des héros impossibles. Pourquoi tous, peintres, poètes, touristes et romanciers, en recherche du pittoresque et du poétique, ne tournent-ils pas plutôt leurs regards vers ce riche et splendide pays ?

Ce que personne n'a encore osé faire, nous allons aujourd'hui l'essayer. Courage ! Comme le hardi aventurier génois, dirigeons notre esquif sur les vagues de l'Atlantique, traversons les archipels américains et tout là-bas abordons à la terre d'Anahuac. Osons essayer de débarquer sur ses côtes, de pénétrer dans la sombre horreur de ses forêts épaisses, de gravir ses montagnes élevées et de traverser ses vastes plateaux.

Suivez-nous, touristes, ne craignez rien. Devant nous vont bientôt se dérouler des scènes à la fois pleines de grâce et de majesté. Poètes, vous y trouverez une nature qui inspirera vos accents; peintres, il y a là pour vos pinceaux de fraîches et brillantes couleurs qui semblent à peine échappées de la main de Dieu ; écrivains, il y a là pour vos livres bien des récits qu'aucune plume humaine n'a encore racontés, bien des légendes d'amour et de haine, de reconnaissance et de vengeance, d'hypocrisie et de franchise, de nobles vertus et de crimes ignobles, des légendes émouvantes comme des romans, réelles comme la vérité.

Nous continuons à gouverner sur le

grand Atlantique, à travers les archipels de l'Inde occidentale, en avant, toujours en avant, vers les côtes d'Anahuac.

L'aspect de cette terre est comme un riche tableau où les scènes se multiplient et varient comme les nuances de l'opale. Rien de ravissant comme le spectacle qu'offrent ces brillants tableaux. Ici, ce sont des vallées qui semblent vouloir s'enfoncer dans les entrailles de la terre; là, ce sont des montagnes qui élèvent jusqu'au ciel leurs pics sourcilleux, plus loin, ce sont des plaines qui s'étendent aux limites de l'horizon jusqu'à ce que le bleu du ciel se mêle et se confonde avec les lignes indéterminées de leurs indécises limites. Ailleurs ; c'est un paysage hérissé de monticules sans nombre qui présentent à l'œil l'aspect des vagues nombreuses d'un océan de verdure.

Hélas ! la parole est impuissante à donner une idée de ce tableau, et la plume ne peut que bien imparfaitement retracer les sensations à la fois sublimes et profondes que produisent sur l'esprit du spectateur la vue des larges vallées ou celle des hautes montagnes du Mexique.

Bien infructueux sans doute seront mes efforts, pourtant je n'en veux pas moins essayer de retracer de mémoire quelques imparfaites esquisses, un panorama des tableaux qui se sont déroulés sous mes yeux pendant un seul voyage.

Je suis sur les côtes du golfe du Mex'que ; les vagues viennent mollement s'abattre à mes pieds sur une grève de sable aussi blanc que l'argent. L'onde est pure et transparente ; rien ne trouble l'azur de ses flots, si ce n'est, d'espace en espace, les blancs flocons d'écume qui s'attachent autour des récifs de corail.

Mes regards se portent vers l'est. Bien au delà de la portée de ma vue s'étend une mer paisible dont le magnifique aspect semble inviter à la navigation. Mais où sont les ailes blanches des messagers du commerce ? A peine si j'aperçois l'esquif solitaire d'un sauvage *pescador* laissant à la surface de l'eau sa trace fugitive, ou quelque humide *polacca* occupée à jeter sur la côte son chargement de contrebande. Une pauvre *piragua* est à l'ancre dans une crique voisine, c'est là tout ! mes yeux et ma longue-vue ont beau interroger l'espace, aucune autre voile ne paraît à l'horizon. La mer qui déploie devant moi sa magnifique étendue est une route encore inconnue aux navires de commerce.

Cette absence de voiles ramène ma pensée sur la terre d'Anahuac et sur ses habitants; l'idée que j'en prends n'est favorable ni à leur état moral ni à leur état matériel. Il ne doit y avoir là ni commerce, ni industrie, ni prospérité. Mais je m'arrête. Qu'aperçois-je plus loin !... Si... Un objet d'une couleur sombre, semblable par la forme à une tour, se dessine à l'horizon. C'est la fumée d'un steamer, signe certain d'une civilisation avancée, emblème d'une vie active. Il s'approche de la côte... Ah ! un pavillon étranger !... Oui, le pavillon d'une autre terre se distingue sur son couronnement, ce sont des couleurs étrangères qui flottent à sa corne d'artimon. Les visages qui paraissent au dessus de ses bastingages ont aussi le type étranger, et c'est dans un idiome étranger aussi que le commandant donne ses ordres. Ce bâtiment n'appartient point à ce pays, ma première conjecture est juste.

Il fait route pour le principal port. Il jette à terre quelques paquets de lettres et de papiers, un petit nombre de marchandises et une demi-douzaine de malheureux que la fièvre dévore ; puis il retourne sa proue, tire un coup de canon et reprend sa route. Bientôt il disparaît dans le vague de l'Océan. Les flots ont repris leur silence et leur solitude, et si quelque chose trouble encore l'aspect monotone de leur surface brillante, c'est le vol du gigantesque albatros ou le plongeon de l'orfraie de mer.

. . . .
. . . .

Mes regards se portent vers le nord. Une ceinture de sable blanc entoure la mer azurée. Je me tourne vers le sud, et je distingue, de ce côté une ceinture de la même espèce. Des deux côtés, aussi loin que la vue peut s'étendre, et à des centaines de milles au delà, c'est toujours un large ruban d'argent qui sert de limite à la mer du Mexique. Cette bande blanche forme une ligne de démarcation entre l'eau aux teintes de turquoise et les forêts aux couleurs d'émeraude. Toutefois, cette large bande est loin d'offrir cette surface unie, caractère ordinaire aux plages de l'Océan; au contraire, ce rivage, que des millions d'atomes brillants font resplendir aux rayons du soleil du tropique comme une cuirasse étincelante, tourmenté constamment par l'aile des vents, s'est creusé en vallées profondes ou formé en hautes collines qui s'étendent çà et là dans toutes les directions et présentent à l'œil étonné l'aspect d'un chaos de neige.

Je m'avance avec peine sur cette côte si stérile, que la tendre plante n'y saurait trouver sa nourriture ; je parcours ces vallées mouvantes, enfonçant et trébuchant à chaque pas ; j'essaye de gravir ces collines de sable à l'aspect étrange et fantastique, tantôt semblables à des dômes, tantôt taillées à pic, d'autrefois aussi coupées en plateau. On dirait que le vent a joué avec ces masses énormes comme un enfant qui se serait amusé à tasser l'argile d'un potier. Il y a là d'immenses bassins, semblables à des cratères de volcan, formés par quelque tourbillon, des vallées aux abîmes profonds qui s'enfoncent entre de hautes murailles de sable, coupées la plupart du temps à pic, et parfois aussi surplombant le précipice comme des voûtes à moitié détruites.

L'espace d'une seule nuit, un coup de baguette magique suffisent pour changer de fond en comble l'aspect de ce singulier paysage. Le vent du nord est le magicien : s'il souffle tout est bouleversé; où la veille il y avait une vallée, le lendemain s'élève une colline, et l'abîme du soir est remplacé par la montagne du matin.

Je monte sur le sommet de ces montagnes de sable et je frissonne sous la froide haleine de la brise du golfe. Je descends dans les vallées, et je suis brûlé par un soleil du tropique. Des milliers de cristaux réfléchissant autour de moi la lumière et la chaleur de ses rayons, mes yeux en sont éblouis, ma cervelle en bouillonne. Plus d'un voyageur, dans ces conditions, a péri victime d'une insolation.

Voici venir le terrible *norté*. Voyez! là-bas du côté du nord, l'horizon change tout à coup; l'azur du pavillon céleste se transforme en une couleur sombre et plombée. Le tonnerre, avec sa grande voix et ses langues de feu, annonce le changement de température; en son absence, d'ailleurs, mes sens suffiraient pour m'en avertir. L'atmosphère brûlante qui m'accablait il n'y a qu'un moment s'est métamorphosée comme par enchantement en une brise piquante dont l'haleine glaciale gerce la peau de mon visage et occasionne dans tout mon corps un tremblement involontaire. C'est la fièvre que ces nuages portent dans leurs flancs, et cette fièvre est la mort; son nom, c'est le *vomito*.

La brise augmente, elle est devenue un vent violent! maintenant c'est une tempête. Soulevés par son souffle impétueux, les sables volent de tous côtés, des nuages épais obscurcissent la lumière du ciel, des tourbillons immenses roulent dans l'espace, s'élevant et s'abaissant tour à tour au gré du fléau qui les pousse. Impossible de rien voir, impossible de respirer, c'est un véritable simoun. Si j'osais me lever de terre, je serais infailliblement aveuglé par la poussière et percé dans tout mon corps par les myriades d'atomes anguleux que le vent a mis en mouvement.

Le norté dure deux heures entières, quelquefois même il règne pendant plusieurs jours, puis il s'éloigne comme il est venu, sans cause apparente, sans transition, et va faire sentir plus au sud les effets de sa terrible influence.

Son passage a singulièrement modifié l'aspect de la zone de sable; tout y est changé. Bien des collines ont disparu, et, à la place où elles s'élevaient, des vallées profondes ont été creusées.

Telles sont les côtes d'Anahuac, ces rivages de la mer du Mexique, sans commerce et presque sans port. Ce n'est qu'une vaste étendue de sable ; mais cependant elles offrent à l'œil un aspect imposant et un cachet pittoresque d'une incontestable beauté.

. . . .
. . . .

Maintenant, à cheval, et en avant: disons adieu aux flots bleus du golfe.

Nous avons traversé la ceinture de sable qui s'étend le long de la côte, et nous voici cheminant sous les ombrages épais des forêts de la Vera-Cruz.

C'est bien là une forêt du tropique. La forme des feuilles, leurs brillantes couleurs, leur variété, tout le révèle. L'on se repose avec bonheur sur un feuillage où toutes les nuances du vert se fondent avec les riches couleurs de l'or. Voici l'arbre embaumé d'où découle une cire odorante; voici les fleurs du magnolia et les feuilles gigantesques du bananier. A côté s'élève le tronc élancé du palmier, cet arbre élégant disposé par assises comme une colonne, et qui semble supporter la voûte du ciel. La vigne parasite mêle son feuillage à celui des arbres qui lui servent d'appui, et les lianes géantes s'élancent d'un tronc à l'autre en se tordant autour de leurs branches comme autant de monstrueux serpents. Là se rencontre à chaque pas la tige flexible du bambou ; à ses côtés croissent d'énormes fougères. Quelque part que le regard se porte, des fleurs aux corolles épanouies viennent réjouir et flatter la vue. Parmi ces fleurs, je distingue surtout celles de l'arbre du tropique, les pétales de la vigne écarlate, et les longs tubes du bignonia semblables à des trompettes.

Cette flore qui m'entoure a pour moi tout l'attrait de la nouveauté ; j'admire le port élégant du *palma real*, dont la tige s'élève sans aucune feuille jusqu'à plus de cent pieds de hauteur ; sa tête est couronnée par un vaste parasol de feuilles légères comme des plumes que le moindre souffle de la brise suffit pour agiter doucement. A ses pieds je trouve sa compagne inséparable, la canne de l'Inde, petit palmier dont le tronc mince et l'humble stature contrastent admirablement avec les proportions colossales de son noble protecteur. Non loin de là j'admire aussi le *coroxo*, autre genre de palmier royal, dont le magnifique feuillage s'étend au loin et se recouche en voûte gracieuse comme pour protéger contre le soleil les noix rondes qui pendent en grappes à l'extrémité de ses branches. Voici maintenant l'*abanico* avec ses énormes feuilles taillées en forme d'éventail, le palmier à cire d'où découle un suc résineux, et le *pirrijao* avec son tronc rugueux et ses énormes régimes de fruits dorés. Je voyage à cheval en suivant le cours d'un ruisseau sur les bords duquel s'élève une gracieuse colonnade formée par les *morichés* (coccus mauritia), ces arbres au port si noble et au fruit si savoureux, que les premiers missionnaires, dans leur enthousiasme d'admiration, l'avaient nommé le *pain de vie* (pan de vida).

Je contemple avec étonnement les fougères qui croissent de tous côtés, créatures étranges du monde végétal! Sur le sol de ma terre natale, elles atteignent à peine la hauteur du genou; dans les forêts du Nouveau-Monde, elles rivalisent avec les palmiers par la majesté de leur stature, et comme eux elles portent à leur sommet un panache ondoyant de longues feuilles recourbées, semblables par la forme aux plumes arrachées à l'aile de l'autruche.

J'admire le magnifique *mammé*, dont le fruit ovale renferme une pulpe safranée.

Je m'avance à l'ombre des branches touffues du *moagani*, et j'observe en passant ses feuilles ovales et pennées qui cachent de grosses capsules en forme d'œuf gonflées par la semence reproductrice. A chaque pas que je fais, le soleil ardent du tropique, perçant la voûte du feuillage, vient se jouer sur la verdure et sur les fleurs; cette végétation luxuriante, illuminée de ses brillants rayons, offre de tous côtés aux regards des couleurs non moins riches que celles de l'arc-en-ciel.

On ne sent point de vent, et c'est à peine si la brise a assez de force pour faire osciller légèrement les feuilles supérieures des arbres. Tout un peuple brillant d'oiseaux agite ses ailes en volant à travers les arbres. Les tanagres au plumage éclatant, le trogons resplendissants, les bavards loriots, les toucans au gros bec s'y trouvent mêlés avec les oiseaux abeilles (les trochilis et les colibris). Les rayons du soleil, en tombant sur leurs brillants plumages, en font encore ressortir les couleurs éclatantes; ils resplendissent comme des pierres précieuses.

L'oiseau charpentier (le grand pic)

frappe de son bec le tronc creux d'un magnolia; la rude écorce résonne sous ses coups, et de temps à autre le travailleur emplumé s'interrompt pour jeter ce cri strident comme une note de clairon qui dénonce sa présence à plus d'un mille de distance.

Sous l'ombre des arbres qui bordent le ruisseau le curassow huppé sautille et voltige, tandis que le superbe turkey de Honduras étale dans une clairière aux rayons du soleil les couleurs métalliques de son riche vêtement.

Je vois s'enfuir devant moi le gracieux roé (*cervus mexicanus*), qu'ont effrayé le pas de mon cheval. Sur la rive, le caïman rampe paresseusement, ou bien plonge dans le fleuve pour aller cacher dans les eaux la laideur de son corps difforme. Non moins hideux, l'iguane, reconnaissable à sa crête dentelée, se glisse en rampant le long d'une liane. Le lézard gris traverse le sentier. Caché à la naissance de quelque branche, le basilic darde au loin son regard perçant. Le geokotin à la morsure vénéneuse court à travers les feuilles sèches à la poursuite de quelque insecte, tandis que le caméléon saute de branche en branche et s'efforce, en changeant de couleur, de tromper et de fasciner ses victimes.

Les serpents se rencontrent à chaque pas. Çà et là ce sont d'énormes boas ou des macaurels presque aussi gros enroulés autour des arbres. Plus loin, le serpent tigré se dresse sur sa queue et montre en sifflant sa tête menaçante. Le cascabel dort au soleil, enroulé comme un câble; le serpent corail déploie sur le sol les replis de son corps rayé rouge et noir. Ces deux dernières espèces, quoique bien inférieures par la force au boa, sont cependant plus à craindre encore, et mon cheval se rejette brusquement en arrière chaque fois qu'il aperçoit le premier briller à travers les herbes ou qu'il entend le second annoncer sa présence par un sifflement aigu.

Les quadrupèdes et les quadrumanes peuplent aussi ces forêts. Voici le singe rouge qui s'enfuit à l'approche du voyageur et s'élance sur un arbre, où il saute avec agilité de branche en branche. Le gracieux ouistiti joue innocemment à travers le feuillage; tandis que le féroce zambo remplit le bois de ses cris, qui se rapprochent de la voix humaine.

A quelque distance le jaguar est couché dans une jongle impénétrable. Au repos pendant tout le jour, il ne déploie son activité que pendant la nuit et ce n'est guère qu'aux rayons de la lune qu'on peut entrevoir sa robe mouchetée. Si je le rencontre parfois pendant que le soleil glisse au dessus de l'horizon, c'est qu'il a été chassé de son repaire par des chiens mis à sa poursuite. Dans le fourré dorment aussi l'once, la panthère et le lynx, et de temps à autre j'aperçois le lion du Mexique couché sur quelque branche horizontale; il y guette en silence le cerf timide, sur lequel il médite de s'élancer au passage. Pour moi, je me détourne prudemment de ce redoutable veilleur.

La nuit arrive, et tout change d'aspect. Les oiseaux au brillant plumage, perroquets, toucans et trogons, disparaissent jusqu'au matin et laissent à d'autres créatures ailées la possession du royaume de l'air. Parmi les nouveaux venus qui leur succèdent, beaucoup portent avec eux la lumière qui leur est nécessaire pour se guider au milieu des ténèbres. Tels sont les cocuyos, dont le corps, éclairé d'une lueur phosphorescente, ressemble à un globe d'or frappé des rayons du soleil, ou mieux encore à une lampe brillante. A les voir parcourir les airs, on dirait autant d'étoiles en mouvement. Tels sont aussi les guyanitos : la femelle, insecte privé d'ailes, est semblable au ver luisant ; elle s'attache aux feuilles des arbres, tandis que le mâle, possesseur d'ailes légères, voltige autour d'elle et la courtise à la manière dont les papillons caressent les fleurs. Mais, hélas! l'éclat de ces brillants insectes est trop souvent la cause de leur mort. Il sert à révéler leur présence à leurs cruels ennemis l'oiseau de proie, le hibou et la chauve-souris.

Le hideux vampire étend dans l'ombre ses larges et sombres ailes et fournit sa modeste carrière en tournant incessamment sur lui-même, tandis que la grande lechuza (*stryx mexicana*), sortie du creux d'un tronc d'arbre, fait entendre ses cris effrayants, semblables au râlement d'un homme qu'on étrangle. Voici maintenant les hurlements du cougar et les accents féroces du tigre du Mexique. Le cri strident de l'alouate se mêle à l'aboiement du chien loup, tandis que du fond des marais le crapaud confond les accents de sa voix gutturale avec le coassement de la grenouille.

Pendant la nuit les parfums sont moins vifs, et l'arome des fleurs se trouve souvent absorbé par les fétides odeurs que répand autour d'elle l'infecte *chiaga;* car c'est l'heure où ce singulier animal quitte sa retraite et parcourt les bois.

Telles sont les particularités les plus saillantes que présentent aux yeux du voyageur les forêts tropicales situées entre le golfe et les montagnes du Mexique. Malgré ce que nous venons d'en dire, il ne faut pas croire que ce pays soit tout à fait inhabité. Quelques parties sont cultivées, et l'on rencontre, quoiqu'à de grandes distances, des établissements agricoles.

La forêt s'ouvre, et tout à coup la décoration change. Devant moi s'étend une plantation. Au milieu s'élève l'habitation (*hacienda*) d'un riche propriétaire, *un rico.* Les champs qui entourent sa demeure sont cultivés par ses serfs ou péons, qui travaillent en chantant; mais tristes sont leurs chants! Leur voix est pleine de mélancolie : c'est la voix d'un peuple esclave.

Pourtant la nature autour d'eux est pleine d'animation et de joie. Tout y semble heureux, excepté l'homme. La végétation s'y déploie avec une force et une richesse admirables. Les fruits et les fleurs se confondent sur les mêmes plantes et les mêmes arbres : l'homme est le seul qui souffre au milieu de toutes ces splendeurs.

Les champs sont traversés par un ruisseau au cours sinueux, dont les eaux limpides et fraîches proviennent des neiges fondues de l'Orizava. Sur ces bords heureux poussent le palmier, le cocotier et le superbe bananier. Près de là des jardins élégants et de riches vergers sont ornés de tous les fruits des tropiques. Voici l'orange au globe d'or, le limon doux, la magnifique pamplemousse et la goyave au suc rafraîchissant.

Je me promène sous l'ombre de l'aguacate, et je cueille en passant le fruit succulent de la cherimolle. La brise en passant sur ces champs fertiles charge ses ailes du parfum du café, de l'indigo, de la vanille et du cacao ; et, de quelque côté que je regarde, je vois les feuilles lancéolées de la canne à sucre briller sous les rayons du soleil, tandis que son aigrette d'or s'agite au souffle de la brise.

Les champs cultivés du tropique ne sont pas moins beaux à l'œil que ses forêts vierges.

Je continue à m'avancer dans l'intérieur des terres en m'élevant graduellement au dessus du niveau de la mer. Déjà ce ne sont plus des routes horizontales que je parcours, ce sont des sentiers appliqués aux flancs des montagnes ou descendant presque à pic dans les profondeurs des vallées et des ravines. Le sabot de mon cheval n'enfonce plus dans le sable ou dans la terre d'alluvion ; au contraire, il résonne en frappant les rochers de porphyre. Le paysage a changé autour de moi, la mise en scène n'est plus la même; tout, jusqu'à l'atmosphère qui m'entoure, est entièrement différent. La température a considérablement baissé, sans être pourtant descendue jusqu'au froid. Je suis toujours dans cette partie du pays qu'on appelle *Pied Mont* ou *tierras calientes*. Ce n'est que plus haut que je dois rencontrer les *tierras templadas*. Elevé seulement de mille pieds au dessus de la mer, je n'ai encore atteint que le pied des Andes septentrionales.

Quelle métamorphose ! Il y a une heure à peine que j'ai quitté la plaine, et pourtant, à la vue de tout ce qui m'entoure, je crois être transporté dans une terre tout à fait différente. Je m'arrête sur une place découverte;

mes yeux se portant de tous côtés, mon étonnement redouble à chaque instant.

Ici la végétation est moins puissante, l'herbe est moins épaisse, les feuilles moins fournies, les taillis moins fourrés. J'aperçois des collines presque entièrement dépouillées d'arbres. Les palmiers ont disparu, mais à leur place s'élèvent d'espace en espace des végétaux qui leur ressemblent sous certains rapports : ce sont en effet les palmiers de la montagne. J'aperçois le grand palmetto avec son feuillage en éventail ; le yuca, dont les feuilles sont semblables à des baïonnettes. Cet arbuste, peu gracieux mais pittoresque, avec ses grosses capsules pleines de graines, donne au paysage un caractère tout particulier. Voici à côté l'aloès *pita* avec sa fleur en forme de plumet et ses feuilles armées d'épines. De tous côtés j'aperçois des cactus aux formes étranges, le cactus cochinéal, le tuna, l'ocuntias, le grand cactus foconoztle et pitahaya, élancé comme la flèche d'un clocher gothique et garni de tous côtés par des sortes de bras qui lui donnent l'apparence d'un candélabre gigantesque. Autour de moi des centaines de plantes grasses, singulières ou informes, rampent à la surface de la terre, ou s'élèvent de quelques pieds seulement au dessus de la surface du sol.

Plus loin voici les cardonales et les mimosas; à côté s'élève cet arbrisseau curieux nommé par la science *mimosa frutescens*, dont la sensibilité est si vive qu'à mon approche il reploie ses feuilles sur elles-mêmes et ne les ouvre que lorsque je me suis éloigné.

Cette région est la terre favorite de l'acacia. Cet arbre pousse de toutes parts, et forme, avec ses branches entrelacées et ses épines, d'impénétrables fourrés connus dans le pays sous le nom de *chapparal*.

C'est au milieu de ces fourrés que poussent le caroube à miel, l'algarobo, le mezquite épineux et plus remarquable encore que tous ces végétaux la *fouquiera splendens*, dont les tiges élancées et garnies au sommet de grappes de fleurs rouges présentent de loin l'aspect d'une bannière déployée.

A cette hauteur, on trouve moins d'animaux que dans les régions inférieures ; cependant cette terre n'en est pas entièrement dépourvue. La cochenille vit et meurt sur la feuille du cactus ; la grande fourmi ailée attache son nid d'argile aux branches de l'acacia ; le fourmilier, accroupi sur la terre, tend, comme un filet, sa langue gluante sur le chemin que doivent parcourir les insectes pour rentrer dans leurs demeures ; l'armadille au pelage rayé se réfugie dans les trous de rochers, où se roule en boule pour échapper à la poursuite de ses ennemis. De grands troupeaux à demi sauvages broutent l'herbe des clairières, ou descendent la colline pour gagner quelque ruisseau, tandis que le vautour étend ses ailes dans le ciel, cherchant de l'œil quelque proie sur laquelle il puisse s'abattre.

Ces lieux ne sont point non plus entièrement abandonnés par l'homme : il y a porté son industrie. Ça et là s'élèvent la hutte du *péon* ou le *rancho* du petit propriétaire. Ces constructions sont plus solides que celles de la région des palmiers. On y a employé la pierre. Là aussi se rencontre la demeure du rico, l'*hacienda* avec ses murs blancs et ses ouvertures semblables à des fenêtres de prison. De distance en distance, je rencontre un petit village (*pueblita*) avec son église en croix et son clocher peint de vives couleurs.

Le blé indien a remplacé la canne à sucre. Je traverse aussi de grands champs plantés de tabac. C'est là que se trouvent également le jalap, le gayac, le sassafras odorant et le salutaire copahu.

Je m'avance toujours, tantôt escaladant des collines, tantôt descendant dans le *barranca*, sortes de ravines creusées par les lits des torrents. Plusieurs de ces barrancas ont jusqu'à mille pieds de profondeur, et la route qu'il me faut suivre pour pénétrer entre leurs flancs n'est le plus souvent qu'un étroit sentier bordé d'un côté par un rocher à pic et de l'autre par un torrent qui mugit au dessous à une distance effrayante.

C'est en voyageant de la sorte que je traverse la région qui s'étend au pied des montagnes et que je pénètre enfin dans ces montagnes elles-mêmes par un défilé des Andes mexicaines.

La gorge que je suis, couverte de bois épais et sombres, est surplombée de chaque côté par des masses de porphyre bleu. Je parviens enfin à la traverser, et je débouche de l'autre côté de la sierra. Un tableau d'un nouveau genre vient alors se dérouler à mes yeux.

Autour de moi tout est si calme, si pur et si agréable, que j'arrête mon cheval et que je regarde avec un sentiment d'admiration moins encore peut-être que d'étonnement. J'ai devant moi une des *vallées* du Mexique, grands plateaux situés au milieu des Andes à plusieurs milliers de pieds au dessus du niveau de la mer, et qui s'étendent du centre de ces montagnes presque jusqu'aux côtés de l'océan Arctique.

La plaine qui se déploie à mes yeux est unie comme une glace ou comme la surface d'un lac ; des montagnes l'environnent de toutes parts, mais ces montagnes sont percées çà et là par des défilés qui conduisent à des vallées de la même nature que celle que j'examine. Des mamelons s'élèvent brusquement dans la plaine et sans transition : tantôt ce sont de grands cônes, tantôt des murs coupés à pic dont le faîte se perd dans la nue.

Je parcours cette plaine et j'en examine les détails. Rien n'y ressemble à la région que j'ai laissée au dessous de moi, la *tierra caliente*. Je suis maintenant dans la *tierra templada*. Les objets qui frappent mes yeux, l'aspect général de la nature, l'atmosphère qui l'environne, tout est changé, tout est nouveau. L'air est plus frais, l'on jouit ici de la température du printemps; mais je sors d'une région plus chaude, et la transition subite me fait éprouver une sensation de froid: je rapproche autour de mon corps les plis de mon manteau.

Ma vue découvre au loin le pays, car la vallée est presque sans arbres. Je ne tarde pas à y reconnaître des traces de culture; la civilisation se relève partout, ces hauts plateaux, les *tierras templadas*, sont le siège de la civilisation mexicaine. C'est là que se trouvent les villes, les grandes cités, les riches couvents et les superbes cathédrales; là que la population se presse en masses plus serrées. C'est dans ces campagnes qu'on rencontre les ranchos construits en briques crues (*adobés*); c'est là aussi qu'on trouve des villages entiers de cabanes en terre, entourées la plupart par des haies de cactus et habitées par les descendants basanés des anciens Aztèques.

Partout s'étendent des champs fertiles. C'est là que l'agave atteint ses gigantesques proportions et que le maïs couvre des plaines entières de ses épis jaunes, qui, lorsqu'ils sont agitées par la brise, offrent aux yeux l'aspect d'une mer aux flots d'or. Le froment y croit avec abondance à côté du piment et de la fève d'Espagne; la rose présente de tous côtés sa corolle embaumée: elle tapisse les murs et décore le portail des maisons. Cette terre est encore le sol natal et favori de la patate douce.

Dans les vergers, les branches des arbres s'affaissent sous le poids des poires, des grenades, des coings, des pommes et d'autres fruits savoureux. Par une heureuse confusion, les graines des zones tempérées poussent à côté des cucurbitacées du tropique.

Je quitte cette vallée, et je passe dans une autre en traversant une gorge de la montagne. Le spectacle n'est plus le même; partout il n'est pas moins attrayant. Je suis maintenant dans un vaste pâturage que couvre une herbe luxuriante et où paissent des troupeaux innombrables sous la conduite de vaqueros à cheval.

Je traverse une autre défilé. Nouvelle vallée, nouveau tableau. C'est un désert de sable. A sa surface se dressent de sombres colonnes de poussière, gigantesques fantômes qui semblent se mouvoir sous le souffle de quelque génie.

J'entre dans une autre vallée, et mes pas sont arrêtés par une vaste nappe d'eau. A mes pieds s'étend un lac grand comme une mer intérieure. De vastes savanes forment ses rives. Sur ce terrain marécageux, les joncs et les roseaux poussent en abondance.

Plus loin, c'est encore une plaine; mais on n'y trouve ni eau, ni végétation, ni fraîcheur. La lave et les scories la couvrent seules. C'est une surface désolée, où l'on ne voit ni arbres, ni plantes, ni rien qui rappelle la vie.

Tels sont les traits principaux mais incomplets qui caractérisent ces grands plateaux, théâtre de scènes sans cesse nouvelles et toujours pleines du plus puissant intérêt.

J'abandonne cette région pour m'élever plus haut encore. Chaque pas que je fais me rapproche des nuages. Je gravis les flancs escarpés des Cordillières : j'arrive enfin à la région froide, *tierra fria*.

. . . .

. . . .

Me voici maintenant à dix mille pieds au dessus du niveau de l'Océan ; je voyage à couvert sous l'ombre d'une épaisse forêt. Les arbres gênent ma vue et m'empêchent de distinguer à une grande distance. Où suis-je ? Certes, ce n'est pas sous le tropique, car je reconnais autour de moi la végétation des pays septentrionaux. Voici le chêne avec ses branches noueuses et ses feuilles découpées, le frêne à l'écorce blanche, le pin à la forme conique.

Le vent gémit à travers les feuilles mortes, et son haleine me fait frissonner; les branches dépouillées se choquent entre elles : ce sont bien là les bruits de l'hiver. Cependant je suis toujours sous la zone torride, et ce soleil sans force, dont les rayons se font jour à travers les branches de chêne, est le même qui me brûlait il y a quelques heures à peine quand je voyageais au milieu des palmiers.

La forêt cesse, et je me trouve au milieu de collines cultivées : ce sont des champs couverts de chanvre, de lin et de céréales assez vigoureuses pour résister aux frimas des zones froides. Le rancho du laboureur est une cabane en bois couverte d'un toit de tuiles; il est tout à fait différent, par l'aspect, de celui qu'habite le cultivateur des grandes vallées ou des tierras calientes..

Je passe au milieu des fourneaux fumants du *carbonero*, et je rencontre l'*arriero* avec son *atajo* de mûles pesamment chargées de glaces enlevées au sommet des montagnes. Ce sont des cargaisons destinées à rafraîchir le vin dans la coupe des habitants des grandes villes de la plaine.

Je monte, je monte toujours. Les chênes sont laissés loin derrière moi; je ne trouve plus que le tronc rabougri des pins nains. Le vent devient de plus en plus froid, l'aspect de l'hiver m'environne.

Je monte encore. Les pins ont disparu ; aucuns végétaux ne s'offrent à mes yeux, si ce n'est pourtant les mousses et les lichens qui pendent aux rochers. On se croirait dans les terres arctiques. Je suis arrivé dans la région des neiges éternelles. Mon pied foule les glaciers, j'aperçois des lichens qui ont poussé dans les fissures de leurs masses transparentes.

Tout est glacial et désolé. Je me sens gelé jusque dans la moëlle des os.

Plus haut, plus haut! je n'ai point encore atteint le sommet. A travers les neiges amoncelées, sur la surface des champs glacés, le long des pics escarpées et rugueux, avec des abîmes à mes pieds, les genoux tremblants, la poitrine haletante, les doigts crispés par le froid, je m'avance encore, je monte toujours. Ah! enfin j'ai atteint mon but, je suis tout au haut.

Me voici sur le sommet de l'Orizava, — la montagne de l'Etoile brûlante, — à plus de quatre milles au dessus du niveau de l'Océan. Le visage tourné vers l'orient, je regarde en bas. La neige, la ceinture de lichens et de rochers, la région des pins, celle des chênes, les champs d'orge, les plaines de maïs, les taillis de yucas et d'acacias, la forêt de palmiers, la côte et la mer elle-même avec ses rayons d'azur, tout m'apparaît à la fois. Du sommet de l'Orizava aux côtes du Mexique, j'ombrasse d'un seul regard tous les degrés d'un immense thermomètre ; je suis au pôle, je distingue jusqu'à l'équateur.

Je suis seul... Le froid a gagné jusqu'à ma cervelle, les mouvements de mon pouls sont irréguliers, les battements de mon cœur se font entendre au milieu du silence, je suis écrasé par le sentiment de mon propre néant, je me sens un atome à peine visible sur la surface du globe terrestre.

Je regarde et j'écoute. Je vois, mais je n'entends pas. D'ici, la vue est immense, mais le bruit n'arrive pas jusque-là. Tout autour de moi règne un imposant silence. C'est le silence sublime du Tout-Puissant, dont la majesté seule habite ces déserts.

Ecoutez! Quel bruit affreux vient tout à coup rompre ce silence? Serait-ce le roulement du tonnerre? Non, non! ce sont les craquements affreux de l'avalanche. Je frémis à ce bruit. Est-ce la voix de l'Invisible, est-ce donc un avertissement de Dieu?

Je tremble et j'adore.

. . . .
. . . .

HISTOIRE DU GUYAS-CUTIS

HISTOIRE DU GUYAS-CUTIS

NOUVELLE AMÉRICAINE

— C'est une histoire de voyage que j'ai à vous raconter, chers lecteurs.

— Il y a longtemps de cela. A l'époque où j'étais encore un tout jeune homme, je me rendais à la ville de

Washington en compagnie d'un de m(?) amis, franc Géorgien comme mo(?) même. Notre but était d'essayer un peu de notre adresse à la chasse dans le pays que nous allions visiter. Vous n'ignorez pas que la route de Géorgie à Washington traverse l'Etat de Palmetto, Etat aussi remarquable par la fertilité de son sol que par la beauté, la noblesse et l'intelligence de ses habitants.

— J'avais déjà quelque habitude des voyages, mais, comparé à mon compagnon, je n'étais, sous ce rapport, qu'un novice. Esprit naturellement délié, l'expérience et le contact des hommes l'avaient tellement perfectionné, qu'il était devenu fin... comme quoi... vous dirai-je,... comme la pointe d'une aiguille à coudre de la batiste. Il se nommait Cobb, Willey Cobb.

Nous partîmes de chez nous propriétaires d'un capital de trois cents dollars; c'était tout ce que nous avions pu rassembler; de plus, chacun avait entre les jambes un vigoureux poney de Georgie ; et nous trouvions qu'il y avait là de quoi nous conduire à Washington et nous en ramener.

— D'ailleurs, avait objecté fort sensément Cobb, si nous nous trouvons à sec, nous vendrons nos chevaux.

— Malheureusement, avant d'entrer dans l'État de Palmetto, notre mauvaise chance nous fit passer à Augusta, petite ville à l'extrémité de la Georgie, où nous nous arrêtâmes pour manger et passer la nuit. Augusta a toujours eu la réputation d'une ville de plaisir, et nous trouvâmes si bien qu'elle était digne de sa renommée que non seulement nous y passâmes la nuit, mais encore toute la journée suivante. Nous étions tombés là au milieu d'une troupe des plus charmantes connaissances. Nos nouveaux amis se firent un véritable plaisir de nous conduire d'abord au *poker* à dix-huit sous, puis au *loo* à un quart de dollar, puis encore au *brag*, et finalement nos chers amis d'Augusta nous firent faire connaissance avec le jeu si intéressant du *élaro*. On joua toute la nuit, et quand l'aurore vint éclairer la matin du second jour, il se trouva que nos trois cents dollards avaient passés de nos poches dans les coffres de la banque.

— Qu'allons-nous faire? dis-je à Cobb.

— C'est à quoi je pense, répondit celui-ci.

— Si nous vendions les chevaux et retournions sur nos pas? fis-je observer.

— Non pas! non pas! reprit Cobb avec force.

— Mais que pouvons-nous faire de

mieux? Nous n'avons pas d'argent, il nous est impossible d'aller jusqu'à Washington; le seul parti à prendre n'est-il pas de retourner à la maison ?

— Qu'as-tu dans ta valise? demanda brusquement mon ami sans prendre la peine de répondre à ma dernière interrogation.

— Une chemise, une paire de pistolets, un paquet de tabac et un couteau de chasse, telle fut ma réponse.

— Nous allons d'abord vendre le couteau, cela nous donnera le moyen d'acquitter nos frais d'hôtel et de sortir de cet affreux coupe-gorge.

— Et ensuite pour aller jusqu' Washington ? demandai-je.

— Pourtant, dit Cobb, il ne faut pas songer à retourner en arrière. Nous serions la risée de tout notre pays.

— Mais, voyager sans argent ? fis-je avec obstination.

— Bah ! sortons d'abord d'ici, dit Cobb d'un air aussi satisfait que s'il avait eu des relais établis sur la route jusqu'à Washington et qu'on eût acquitté par avance toutes ses dépenses d'auberge.

— J'ai, continua-t-il, une connaissance qui demeure au premier relais en sortant d'ici. Nous irons lui demander à coucher pour cette nuit, cela ne nous coûtera rien. Et puis, ma foi ! nous réclamerons la généreuse hospitalité les planteurs que nous trouverons sur notre route. Nous allons traverser la Caroline du Sud, un beau pays dont les habitants passent pour des hôtes francs et généreux.

— Nous n'aurons plus, continua toujours Cobb, que l'état de Turpentine à traverser, et alors, s'il en est besoin, nous aurons recours à nos pistolets. Mais, voyons, vendons d'abord notre couteau de chasse, et tirons-nous du repaire de ces chevaliers d'industrie.

Cobb était mon aîné; de plus, il passait à mes yeux pour un grand génie;

je résolus de m'abandonner à ses conseils. Le couteau fut vendu pour six dollars à un de nos camarades de jeu. Sur cet argent, la note d'hôtel fut acquittée, et il nous resta trois ou quatre schellings pour continuer notre route.

Nous étions entrés sur le territoire de la Caroline du Sud.

A la fin de cette première journée de marche, nous nous arrêtâmes chez l'ami de Cobb. Nous y fûmes admirablement traités. Cobb avait grand envie de lui emprunter de l'argent, mais il fut retenu par la honte de lui avouer la cause de notre pénurie.

Nous quittâmes la demeure de notre

aimable hôte avec un excellent déjeûner dans l'estomac et des chevaux bien soignés et bien reposés. Mais le même vide se faisait toujours sentir dans notre bourse. Bien plus, nous avions été forcés de donner un schelling au garçon qui avait sellé nos chevaux.

Ce fut alors seulement que nous pûmes nous dire parfaitement en route; nous étions tout à fait sur une terre étrangère : *terra incognita.*

A la nuit, nous nous arrêtâmes chez un planteur. Le lendemain matin, au moment où nous prenions congé de lui, je ne sais pas trop ce que Cobb lui dit, mais j'entendis de dessus ma selle, où j'étais déjà installé, le planteur grommeler en ricanant qu'il ne savait pas que ce fût la mode de voyager sans argent; puis il continua à murmurer entre les dents certaines épithètes qui n'avaient rien de très flatteur pour les oreilles susceptibles.

— Voilà un drôle bien peu hospitalier, dis-je tout bas à Cobb au moment où nous quittions la maison.

— Dites-donc qu'il n'entend rien du tout à l'hospitalité. C'est d'autant plus extraordinaire que c'est un Carolien du Sud. Mais c'est une exception, j'aime à le croire.

C'était en effet une exception, car à la maison où nous nous arrêtâmes le soir on nous accompagna jusqu'à la porte de l cour en nous traitant de voleurs. Le lendemain, l'hôte chez qui le hasard nous avait fait descendre, c'était un tavernier du village, menaça de saisir nos valises; menace qu'il aurait certainement effectuée si Cobb ne lui avait fait observer d'un air très significatif qu'elles ne contenaient qu'une paire de pistolets chargés, lesquels pourraient très bien partir. En parlant ainsi, Cobb enleva les deux pistolets, m'en donna un, et se mit en train d'armer le second, après quoi il dit au maître d'hôtel qu'il pouvait prendre les valises maintenant qu'elles étaient vides.

Mais Cobb était un grand gaillard de

six pieds de haut, avec une grosse paire de favoris et des yeux noirs comme du charbon. L'autre comprit que ce qu'il avait de mieux à faire, c'était de laisser les valises à leurs places et de nous engager à décamper; ce que nous fîmes sans retard.

— Cela ne peut pas toujours durer ainsi, Harry! me dit Cobb lorsque nous eûmes remis nos chevaux au pas.

— Je suis assez de cet avis, répondis-je.

— Tâche de trouver quelque chose, fit-il.

— J'y vais songer, repris-je. Et en effet, je me mis à me creuser la tête pour découvrir un moyen de nous tirer de ce mauvais pas. Mais je ne suis point un homme d'invention, et j'avais déjà pris, abandonné et repris vingt projets, tous plus absurdes les uns que les autres, quand je vis Cobb, qui me devançait de quelques pas, arrêter brusquement son cheval, se retourner en plein de mon côté et crier à haute voix.

— Harry, j'ai notre affaire !

— Tant mieux ! fis-je, mais qu'est-ce que c'est ?

— Pas encore ; je te dirai cela cette nuit. J'ai encore besoin d'y réfléchir un peu. A quelle distance crois-tu que nous soyons de Colombia? demanda Cobb.

— Mais à environ vingt milles, je suppose. Nous en avons fait cinq à peu près depuis la taverne où l'on nous avait dit qu'il y en avait vingt-cinq.

— Très bien. Allons doucement ; il ne faut pas arriver avant la nuit. Qu'est-ce que c'est que cette ville ?

— Je n'en ai aucune idée, lui répondis-je. Mais je suppose que ce doit être une place assez considérable, puisque c'est une capitale d'Etat.

— Oui, oui, cela doit être. Tu as parfaitement raison, ajouta mon compagnon, et là dessus nous nous mimes à marcher en silence, mon camarade plongé dans une profonde méditation, et moi attendant avec curiosité qu'il daignât me faire connaître les plans qu'il combinait.

Il faisait nuit depuis une demi-heure environ quand nous entrâmes dans la ville. Cobb paraissait examiner avec soin les différentes boutiques situées sur les rues que nous traversions. Tout d'un coup je l'entendis s'écrier : Voilà mon affaire ! Nous étions devant la boutique d'un cordonnier, il arrêta son cheval, mit pied à terre et entra dans le magasin. De la rue où j'étais resté à garder les chevaux, je le voyais parler et gesticuler avec le propriétaire de l'établissement, et je compris qu'il était en marché d'acheter une grande caisse à souliers, qui se trouvait au milieu de la boutique. Voici d'ailleurs tout ce que je pus saisir de ses paroles :

— Après que vous aurez pratiqué l'ouverture, disait-il au cordonnier, vous clouerez avec soin le couvercle de la boîte, et vous y ferez peindre ce que je vais vous donner.

En parlant ainsi il avait pris une feuille de papier, y avait écrit quelques mots et l'avait remise au marchand.

— J'enverrai chercher cette boîte dans une demi-heure, continua-t-il, en payant le prix. Puis, souhaitant le bonsoir à son vendeur, il me rejoignit et sauta sur son cheval.

Nous continuâmes à traverser la ville jusqu'à ce que nous fussions arrivés devant la porte du principal hôtel, où nous nous arrêtâmes et mîmes pied à terre.

— Je serai de retour dans une heure, Harry, me dit Cobb en me jetant la bride de son cheval, pendant ce temps occupe-toi du souper, fais-toi donner une bonne chambre, et attends-moi. Surtout garde-toi de nous inscrire sur le registre d'hôtel avant mon arrivée. Cela dit, il disparut dans la rue.

Conformément à ses instructions, je

ne donnai point nos noms; mais comme la cloche de l'hôtel sonna avant le retour de Cobb, je descendis à la salle à manger et je soupai avec d'autant plus d'appétit que je n'avais rien pris depuis le matin et que j'avais voyagé toute la journée. Ce soin accompli, je gagnai mon appartement et j'attendis plus patiemment la rentrée de mon ami. J'en étais encore à me perdre en conjectures sur les moyens que Cobb comptait employer pour payer le repas que je venais de prendre, quand la porte s'ouvrit et qu'il reparut en personne. Il n'était pas seul. Deux personnes le suivaient portant sur leurs épaules la grande boîte dont je lui avais vu faire l'acquisition. Le couvercle avait été replacé, et on lisait dessus en belles lettres majuscules l'inscription suivante :

LE MERVEILLEUX GUYAS-CUTIS!

Sur l'un des côtés de la boîte, il y avait une petite ouverture oblongue nouvellement pratiquée au ciseau.

Cobb avait à la main une grande feuille de papier ; et aussitôt que les garçons furent sortis de la chambre, il la posa sur la table, et me la désignant du doigt, il s'écria d'un air triomphant :

— Regarde Harry ! voilà notre affaire.

— Qu'est-ce ? voyons, fis-je.

— Lis toi-même, mon vieux brave, me dit-il.

La pancarte était ainsi conçue :

LE MERVEILLEUX GUYAS-CUTIS !
Capturé dans les déserts de l'Orégon par 54° 40

Ce titre était en grosses lettres. Suivait, en caractères plus modestes, la description ci-après :

« Ce remarquable animal, demeuré jusqu'à présent inconnu à tous les naturalistes, possède l'intelligence de l'homme combinée avec la férocité du tigre et l'agilité de l'orang-outang. Sa peau est du plus beau bleu de ciel ; il est moucheté de onze taches sur le corps et d'une dernière auprès du nez, ce qui fait la douzaine complète.

» Aucune de ces taches ne ressemble aux autres.

» Dans sa cruauté on l'a vu emporter de malheureux Indiens jusque sur le sommet des arbres les plus élevés, et les y condamner à périr misérablement de faim, de soif et de désespoir, aussi est-il la terreur des Peaux Rouges.

» Le propriétaire de cet intéressant animal a l'honneur d'avertir Messieurs les habitants de Colombia, si justement renommés par leur esprit, et si connus comme véritables appréciateurs des curiosités de la nature, que ce merveilleux quadrupède vient d'arriver au milieu d'eux et qu'il sera visible, aujourd'hui mardi, à huit heures du soir, dans la salle de Minerve. »

PRIX DES PLACES :

¹/₄ dollar

— Mais, dis-je, mon cher Willey Cobb, commençant enfin à entrevoir le projet de mon camarade, tu ne prétends pas....

— Je ne prétends pas, fit-il en m'interrompant brusquement. Je veux, aussi vrai que je m'appelle Willey Cobb, et que je suis de l'Etat de Géorgie.

— Mais, enfin, mon cher, tu ne feras pas prendre à ce peuple si intelligent de la Caroline...

— Ah ! bah ! peuple intelligent !... tu ne connais pas le monde, reprit-il avec un air de souverain mépris.

— Quel rôle me destines-tu dans cette comédie ? demandai-je.

— Rien de bien difficile. Reste dans cette chambre et empêche que personne ne regarde dans cette boîte.

— Oui, mais ce soir ?

— Ah! ce soir! tu te tiendras à la porte de la salle de Minerve pour recevoir l'argent; et quand tu m'entendras grogner et remuer la chaîne, tu passeras derrière le rideau, la farce sera jouée.

Regardant la chose comme une plaisanterie assez réjouissante, je promis à mon ami d'en passer par tout ce qu'il voudrait. Pour parler franchement, cependant, ce n'était pas sans quelque appréhension désagréable, car j'entrevoyais la possibilité d'aller passer la prochaine nuit à la prison de Colombia.

Le lendemain matin Cobb fut sur pied de très bonne heure. Après avoir hurlé d'une manière plaintive, avoir grogné sur tous les tons les plus désagréables qu'il put arracher de son gosier, et entremêlé le tout de : Tenez-vous tranquille, Guy ! A bas Guy ! répétés plusieurs fois, il sortit en me recommandant une surveillance sévère.

Il n'eut pas mit le pied dehors, que j'entendis derrière ma porte plusieurs personnes qui chuchotaient entre elles; bientôt après, un garçon se présenta en me demandant si je n'avais pas besoin de quelque chose.

— De rien du tout, répondis-je.

Le garçon, en se retirant, jeta sur la boîte un regard de terreur, et eut grand soin de fermer la porte sur lui.

Peu après, les chuchotements recommencèrent à ma porte, qui s'ouvrit de nouveau et donna passage au maître d'hôtel lui-même, que la curiosité amenait auprès de notre intéressant quadrupède.

— C'est un animal bien féroce, n'est-ce pas? dit-il en passant seulement la tête dans l'entrebâillement de la porte.

— Oui, c'est un animal terrible! répondis-je.

— Ne pourrais-je pas le voir un peu? demanda-t-il.

— Non, ça m'est défendu; et puis la

présence d'un étranger le fait toujours entrer en fureur.

— Voyez-vous, cette méchante bête ! Vous aurez une salle complète pour le voir.

— Je l'espère, fis-je.

— Les billets sont déjà placés. M. Van Amburgh est sorti sans doute pour cela ce matin ?

— M. Van Amburgh ? demandai-je avec surprise.

— Mais, oui, Van Amburgh, votre associé.

— Ah ! oui ! M. Van Amburgh, mon associé, répétai-je comprenant tout d'un coup que c'était le nom dont s'était affublé mon ami Cobb, mais M. Van Amburgh ne place pas ses billets lui-même.

— Je parlais de la sorte pour embrouiller un peu les idées du maître d'hôtel, et réparer ainsi la bévue que j'avais été sur le point de faire.

— Oh ! non, reprit l'autre ; il aura loué quelqu'un pour cela.

— Certainement, ajoutai-je.

— Le déjeuner sera prêt dans une minute, si vous voulez descendre.

— De tout mon cœur.

Et à ces mots, le Boniface me priva de sa présence, dont je commençais à être fort embarrassé.

Un instant après, Cobb rentra. Il était porteur d'une grosse chaîne d'environ six pieds de long. Il la tenait enveloppée dans un papier.

Quand il eut fait une nouvelle répétition de ses grognements et de ses hurlements sauvages, nous allâmes déjeuner, non pas pourtant sans que Cobb eût eu grand soin de fermer la porte et de mettre la clef dans sa poche.

Nous fumes à table d'hôte l'objet de

l'attention générale. Cobb m'appelait M. Wolte; je ne lui adressais la parole qu'en le nommant M. Van Amburgh. Les domestiques étaient aux petits soins pour nous. Après le déjeuner, nous regagnâmes notre chambre, où Cobb répéta de nouveau ses exercices. Bientôt après il sortit et me laissa seul.

Les grognements se reproduisirent à plusieurs reprises pendant la journée, toujours avec un accent et une tonalité de plus en plus terribles.

La nuit vint enfin. La boîte soigneusement enveloppée dans une couverture de lit de l'hôtel, fut transportée à la salle de Minerve. Je m'y rendis de mon côté. C'était un grand amphithéâtre brillamment éclairé. Cobb avait fait placer la boîte et la chaîne derrière le rideau, sur la scène, et restait auprès pour les garder, tandis que moi, préposé à la recette, j'attendais à la porte. Mes fonctions étaient fort simples, nous n'avions point de cartes, on donnait son argent, et je laissais entrer. En peu de temps la salle fut pleine de dames, de messieurs et d'enfants. Il y avait des ouvriers avec leurs femmes, des négociants avec leur famille, des dandys, des élégantes, et même bon nombre des personnages politiques les plus influents de l'Etat. L'annonce avait fait merveille, chacun voulait voir le fameux guyas-cutis.

L'impatience gagnait déjà la foule,

lorsque enfin on entendit un grognement sourd sortir de dessous le rideau.

— A bas, Guy ! à bas ! tenez-vous, chien ! criait une voix forte.

Toute l'assemblée était réunie, et déjà l'on commençait à frapper des pieds, des mains et à donner des signes d'impatience. On entendait crier par intervalles :

— Le guyas-cutis ! le guyas-cutis !

— S'il ne vient pas, allez le chercher, monsieur Showman !

— Oui, oui, amenez-nous cette grosse bête, fit un autre plaisant. A ce moment, le guyas-cutis fit entendre un hurlement affreux.

— Donnez-lui un os, cria quelqu'un.

— Miss Sarah, par exemple! reprit une autre voix.

Puis suivirent des rires et d'autres quolibets tout aussi spirituels.

Pendant que l'assemblée trompait ainsi les longueurs de l'attente, les grognements et les hurlements continuaient derrière le rideau avec une intensité de plus en plus effrayante et n'étaient guère interrompus que par les apostrophes de Cobb, qui s'efforçait de calmer la fureur du guyas-outis. Cela dura quelques instants, puis on entendit un bruit de ferraille : c'était la fameuse chaîne qu'on mettait en mouvement.

Je n'attendais que ce moment. Aussitôt, me précipitant avec des signes de frayeur dans l'espace qui séparait les spectateurs de la scène, je passai rapidement derrière le rideau. Tout en exécutant cette manœuvre, je jetai un regard sur l'assemblée; et je pus me convaincre que la peur commençait à gagner les plus braves, et que beaucoup de spectateurs, tout pâles et tout tremblants, se disposaient à sortir pour peu que la chose continuât.

Derrière le rideau, c'était autre chose: Cobb arpentait la scène, de droite et de gauche, de long en large, en frappant le parquet du pied, en traînant sa chaîne dans toutes les directions et en apostrophant dans les termes les plus énergiques un objet imaginaire. En corps de chemise, les manches retroussées jusqu'aux coudes, il était couvert de sueur, et des taches rouges, figurant parfaitement le sang, se voyaient sur ses bras, sa poitrine, son visage et son cou. Il était vraiment magnifique dans son rôle.

— A bas, sauvage! à bas! criait Cobb.

— Brouhouhou! brouhouhou! hurlait le guyas-cutis.

— O monsieur Wolte, criait Cobb, venez à mon secours, à mon secours ! il va s'échapper.

— Tenez-le bien, fis-je de mon côté.

— Brouhouhou ! brouhouhou ! brouhouhou ! hurlait le guyas-cutis.

— Tenez-le bien, disais-je.

A ce moment, Cobb saisit la chaîne des deux mains, la secoua violemment à plusieurs reprises, puis, s'élançant éperdu sur le devant de la scène, s'écria d'une voix de tonnerre :

— « Sauvez-vous, Messieurs, sauvez-vous ! prenez garde à vos femmes et à vos enfants ! le guyas-cutis est échappé ! »

— Lecteurs, je n'essayerai pas de vous dépeindre la scène de confusion qui suivit cette annonce. En moins de dix minutes la salle était vide, et lorsque Cobb et moi nous regagnâmes l'hôtel, nous ne trouvâmes personne dans les rues. Hommes, femmes, enfants, tout le monde s'était calfeutré chez soi. De retour à l'hôtel, nous ordonnâmes de seller nos chevaux en toute hâte par la raison, ainsi que Cobb prit la peine de l'expliquer au maître d'hôtel, que, le guyas-cutis ayant gagné les champs, il fallait courir après lui. Nos chevaux prêts, les frais d'hôtel furent payés avec l'argent que nous venions de gagner, et nous partîmes au grand galop, jugeant prudent de ne nous arrêter que lorsque nous eûmes mis entre nous et la bonne cité de Colombia vingt milles de distance. Arrivés là, nous réglâmes nos comptes : notre argent se montait à soixante-six dollars soixante-quinze centimes tout juste.

FIN.

TABLE

TABLE

La terre d'Anahuac. ... 5
Histoire du Guyas-Cutis. ... 67

FIN DE LA TABLE.

Original en couleur
NF Z 43-120-8

www.ingramcontent.com/pod-product-compliance
Lightning Source LLC
Chambersburg PA
CBHW071954110426
42744CB00030B/1543